LA FONDATION

DE

L'UNIVERSITÉ DE BERLIN

A PROPOS

DE LA RÉFORME DE L'ENSEIGNEMENT SUPÉRIEUR

EN FRANCE

AVEC UNE NOTE SUR

L'UNIVERSITÉ ALLEMANDE DE STRASBOURG

PAR

ERNEST LAVISSE

Professeur d'histoire au lycée Henri IV

(Extrait de la Revue des Deux Mondes)

PARIS

LIBRAIRIE HACHETTE ET Cie

79, BOULEVARD SAINT-GERMAIN, 79

1876

LA FONDATION

DE

L'UNIVERSITÉ DE BERLIN

A PROPOS

DE LA RÉFORME DE L'ENSEIGNEMENT SUPÉRIEUR

EN FRANCE

AVEC UNE NOTE SUR

L'UNIVERSITÉ ALLEMANDE DE STRASBOURG

PAR

ERNEST LAVISSE

Professeur d'histoire au lycée Henri IV

(Extrait de la Revue des Deux Mondes)

PARIS

LIBRAIRIE HACHETTE ET Cie,

79, BOULEVARD SAINT-GERMAIN, 79

1876

LA FONDATION

DE

L'UNIVERSITÉ DE BERLIN

A PROPOS

DE LA RÉFORME DE L'ENSEIGNEMENT SUPÉRIEUR EN FRANCE

Gründung der königlichen Friedrich-Wilhelms-Universität zu Berlin,
von Rudolph Köpke.

I

Au mois d'août 1807, le roi de Prusse Frédéric-Guillaume III, qui résidait à Memel, en attendant que les Français lui permissent de rentrer à Berlin, reçut en audience
privée le docteur Schmalz, professeur de l'Université de
Halle, supprimée par Napoléon au lendemain d'Iéna. Le
souverain chassé de sa capitale accueillit fort bien le professeur chassé de sa chaire. Il ne consentit point, il est vrai,
à tout ce que lui demandait le docteur Schmalz : celui-ci
eût voulu que l'Université de Halle fût transférée à Berlin ;
mais Halle avait été cédé avec le duché de Magdebourg au
royaume de Westphalie, dont le souverain était Jérôme
Bonaparte, et l'on n'en pouvait distraire même cet être
moral qu'on appelle une université sans s'exposer à la colère
de Napoléon, « dont les lèvres n'avaient qu'à siffler, comme

a dit un Allemand, pour que la Prusse n'existât plus. »
Frédéric-Guillaume renvoya pourtant son visiteur satisfait,
car il lui promit de fonder à Berlin une université nouvelle.
« Il faut, lui dit-il, que l'état supplée par les forces intellectuelles aux forces physiques qu'il a perdues. » C'est une
belle parole, et rien ne permet de croire que le roi de Prusse
n'ait pas pensé comme il disait : les Hohenzollern sont restés
longtemps de trop petits seigneurs, et ils ont été trop intel-
ligents pour dédaigner une force, de quelque nature qu'elle
fût. Tous ont tenu en supérieure estime la force matérielle,
mais presque tous ont marqué des égards à la force intellectuelle. Au reste, l'idée qu'un des moyens les plus efficaces
de relever la Prusse après Iéna fût de fonder une université
nationale était très-naturelle en ce pays, et le roi, dans sa
conversation avec le docteur Schmalz, ne fît qu'exprimer la
pensée d'un grand nombre de ses sujets.

Les universités allemandes en effet ont toujours été acti-
vement mêlées à la vie nationale, depuis le jour où la
première a été fondée à Prague, au xivᵉ siècle, sur le modèle
de la florissante « école de Paris. » Jamais institution
apportée de l'étranger n'a poussé plus avant dans un sol
nouveau de plus fortes racines. Dès le xvᵉ siècle, les universités commencent à jouer un rôle ; les idées nouvelles
qui agitent les esprits s'y abritent contre la persécution :
le moment venu, elles y recrutent des intelligences et
des bras pour se défendre. Au xviᵉ siècle, les universités
sont des champs de bataille : le cri de révolte de Luther
part de Wittemberg, où se forment en même temps les pères
de l'Église nouvelle et les premiers maîtres, qui, portant
dans la science la liberté d'esprits affranchis de la tradition,
lui ont découvert de nouveaux horizons. Cependant le

catholicisme, d'abord surpris, se défend avec vigueur et par les armes mêmes avec lesquelles il est attaqué; des deux parts, on fonde des universités et l'on réforme les anciennes : Luther estime qu'il n'est pas d'œuvre plus digne d'un pape et d'un empereur, ou, pour traduire plus exactement, « rien de plus pontifical ni de plus impérial » qu'une bonne réforme des universités. On se disputait donc les âmes comme les territoires : les esprits se heurtaient dans les salles des cours, comme les armées s'entre-choquaient sur les champs de bataille; on élevait école contre école, comme forteresse contre forteresse. Jamais peut-être plus bel hommage n'a été rendu à la force intellectuelle.

Il est vrai qu'après le combat vinrent la fatigue et l'épuisement. Les forces matérielles de l'Allemagne ne furent pas seules atteintes par la guerre de Trente Ans : ce qui restait d'activité intellectuelle dans les petits états qui survécurent à la tourmente fut mis à relever les ruines. Alors commença la vie égoïste enfermée dans un cercle étroit. Il n'y avait plus d'Allemagne, à proprement parler, par conséquent plus de pensée allemande, comme au temps de la Réforme, et les universités, obéissant à la destinée commune, furent frappées de déchéance comme l'Allemagne elle-même. A Tubingue, à Wittemberg, à Leipzig, la théologie dégénéra en une polémique tracassière. Piétistes et orthodoxes s'injurièrent niaisement et méchamment jusqu'au jour où, le rationalisme protestant ayant paru, ils unirent contre lui leur haine, qui fut terrible, étant à la fois allemande et dévote. En même temps que la liberté dans la foi, disparut la liberté dans la science, opprimée sous le poids des formules et d'une érudition pédantesque, et il fallut attendre jusqu'à la fin du xviiie siècle le réveil de la vie intellectuelle en Allemagne. Ce réveil fut éclatant, il est vrai. C'est alors que Gœttingen inaugure l'ère féconde de ses découvertes historiques ; Leipzig met sa gloire à aimer et à faire connaître par une critique nouvelle l'antiquité classique. A Iéna, Schelling, disciple de Spinoza et prédécesseur de Hegel, enseigne cette poétique philosophie de la nature qui, si elle n'a pas longtemps contenté les esprits, a fait faire d'admirables progrès aux sciences naturelles ; à Kœnigsberg, Emmanuel Kant, après avoir élaboré par le travail quotidien de longues années la *Critique de la raison pure*, publie ce livre fameux, que l'Allemagne met huit années à comprendre, et qu'elle se prend à aimer ou à détester avec tant de force, que depuis Luther il ne s'était point vu pareille agitation dans les esprits. Alors ces maîtres et d'autres moins illustres, mais grands encore, savants, lettrés, philosophes, parlant du haut des chaires à une jeunesse nombreuse et docile, attirent vers eux l'attention universelle et rendent à la nation allemande quelque sentiment de sa dignité, au moment où achève de mourir dans l'impuissance et dans le ridicule le saint-empire romain germanique, ce corps décrépit qui depuis longtemps n'avait plus rien de saint, ni d'impérial, ni de romain, ni de germanique, et qui, à chaque fois qu'il voulait intervenir dans les affaires de ce monde, « était en retard d'une année, d'une armée, d'une idée ! »

Les universités étaient donc en pleine activité lorsque survinrent les désastres qui achevèrent le vieil empire et mirent en un suprême péril même le jeune état de Prusse : il est naturel qu'un souverain leur ait voulu faire une part dans l'œuvre de la régénération. De tous les princes d'Allemagne, les Hohenzollern sont précisément ceux qui ont le

mieux connu l'utilité que l'on peut retirer de la création
d'une université, faite en temps et lieu bien choisis. Ils en
fondent une à tous les moments décisifs de l'histoire de
Prusse. Quand Albert de Hohenzollern jette aux orties son
manteau de grand maître de l'ordre teutonique et se fait
luthérien pour devenir duc, il ouvre l'université de Kœnigsberg et lui assigne la mission de répandre aux bords orien-
taux de la Baltique la doctrine à laquelle il doit sa couronne.
Quand le grand électeur Frédéric-Guillaume prend possession des premiers domaines que la Prusse ait occupés sur le
Rhin, il crée l'université de Duisbourg, afin d'anoblir pour
ainsi dire la nouvelle province, de lui faire apprécier l'honneur d'appartenir à un prince-électeur du Saint Empire, et
de s'attacher les générations qui allaient être élévées dans une
maison au fronton de laquelle on lisait : *Friderici Guilelmi
Academia.* Ce prince voulut faire mieux encore, et ce n'est
pas une des moindres singularités de son histoire que le
projet qu'il conçut de fonder à Berlin « une université des
peuples, des sciences et des arts, » libre asile de l'esprit,
ouvert à toutes les doctrines scientifiques, aux victimes de
toutes les croyances religieuses, aux juifs et aux mahométans
comme aux chrétiens, aux incrédules comme aux croyants.
Il voulait que cette université fût « le lien des esprits, le
siége des muses, la forteresse de la sagesse, cette souve-
raine maîtresse du monde. » Des traités internationaux lui
devaient assurer le bénéfice de la neutralité, afin que « le
bruit des armes n'étouffât point la voix des muses. »
L'enseignement y serait affranchi de tout contrôle ; l'administration y appartiendrait à des consuls élus par les professeurs. L'université aurait le droit de haute et basse
justice, et relèverait directement et uniquement de l'élec-

teur. Elle aurait sa bibliothèque, son imprimerie, pourvue des caractères de toutes les langues, ses laboratoires, ses hôpitaux, son église. Curieux rêve, et qui fut plus qu'un rêve, car l'électeur a publié la charte de fondation de cette grande école. Ce fut sa façon de payer son tribut à une mode du xvii⁰ siècle, où il y eut tant de rêveurs « d'Atlantides. » Notre Henri IV aussi, auquel Frédéric-Guillaume Ier ressemble par plus d'un trait, eut son rêve, celui de la paix perpétuelle. D'autres, comme Fénelon, imaginèrent un état où régnerait la pure justice. En Allemagne, terre classique de la pédagogie, car en tout Allemand il y a un pédagogue, l'Atlantide fut une université idéale, irréalisable comme la paix perpétuelle ou le règne de la pure justice.

Le successeur du grand électeur fonda en 1694 l'université de Halle. Il était entré dans la grande alliance formée contre Louis XIV, et afin de mériter le titre de roi qu'il prit quelques années plus tard, il voulait s'illustrer par la double gloire des armes et de l'esprit. C'est pourquoi, quand Heidelberg, ce vieux sanctuaire de la science allemande, eut été détruit par l'invasion française, il revendiqua pour l'électorat de Brandebourg l'honneur de rétablir sur un autre point l'université disparue. « Je ne me suis plus souvenu, dit-il le jour de l'inauguration, à laquelle il vint assister avec toute sa cour, des grosses dépenses que j'ai faites pour mon armée et pour la défense du pays. Sous les armes et au bruit des trompettes, j'ai ouvert aux muses ce libre asile, car ce sont les sciences qui font de l'homme un homme et lui donnent une patrie sur cette terre. » Il voulut être recteur honoraire de l'université nouvelle. Singulière alliance du militarisme et de la pédagogie! Avant le « roi sergent, » la Prusse a été gouvernée par le roi recteur.

On ferait preuve assurément de naïveté grande à croire que les Hohenzollern fussent enflammés d'un amour tout désintéressé pour « la science qui fait l'homme; » au vrai, ils attendaient d'elle qu'elle fît des Prussiens. Il leur importait médiocrement qu'elle donnât à l'homme « une patrie sur terre, » pourvu qu'elle les aidât à faire plus grande la patrie prussienne, et l'on a toujours compté à Berlin exercer, à l'aide des universités, une attraction continue sur les petits Etats qui en étaient déshérités ; mais, quel que soit le mobile, le fait ne laisse pas de nous intéresser. Au lendemain de l'acquisition d'une province, nos rois avaient coutume de créer un parlement qui portât aux extrémités du royaume la tradition monarchique formée au centre : après chaque conquête, les Hohenzollern créent une université. N'ont-ils pas en ce siècle-ci fondé celle de Bonn après l'acquisition des provinces rhénanes, et de nos jours, celle de Strasbourg après que nous avons perdu l'Alsace-Lorraine ? Le fait se répète si souvent qu'on ne saurait pas ne point l'attribuer à la volonté réfléchie d'obtenir des esprits, par un commun système d'éducation, l'obéissance à la loi commune.

En 1807, il ne s'agissait par de faire la conquête morale d'une province nouvelle : la monarchie mutilée se repliait sur elle-même et rassemblait ses forces pour un combat suprême dont on ne savait pas le jour, mais qui était prévu par tout le monde. Ce que voulait le roi de Prusse, c'était, comme disait alors un des futurs professeurs de l'université, « accroître par l'éducation la force de résistance des âmes allemandes, dans la même mesure que croissait l'oppression. » Cette foi en la puissance des idées est assurément très-remarquable ; mais comment ne l'aurait-on pas eue en Prusse, en 1807, au moment où la réalité

de cette puissance était attestée par des faits éclatants?
Certes, si une philosophie paraît préoccupée de pures
idées, c'est celle de Kant; si un philosophe ressemble peu
aux philosophes ses contemporains qui, de ce côté du Rhin,
s'étaient dès l'abord jetés dans la mêlée politique et mesurés
contre des réalités, c'est le modeste penseur universitaire,
si calme, si régulier dans sa vie, dit Henri Heine, qu'en le
voyant sortir de chez lui, suivi de son fidèle serviteur, et se
diriger vers « l'allée du philosophe » pour la remonter et la
redescendre dix fois, les bourgeois de Kœnigsberg tiraient
leurs montres et les réglaient, si elles ne marquaient pas
deux heures et demie. Pourtant cet homme fut un révolu-
tionnaire, et Heine, dans le livre *De l'Allemagne*, où il
s'évertue à nous faire comprendre son pays avec le doute
visible que nous y puissions parvenir, invente une étrange
histoire pour nous expliquer comment une révolution a pu
être faite par un professeur. Il conte qu'un mécanicien anglais
fabriqua un jour un merveilleux automate à figure humaine,
marchant, parlant, et auquel il ne manquait qu'une âme :
l'automate voulut avoir cette âme, et il la réclama si impé-
rieusement, de nuit et de jour, que le pauvre mécanicien,
obsédé, s'enfuit sur le continent ; la machine l'y suivit, et,
quand elle l'eut rejoint, grinça tristement à son oreille ces
paroles : « *Give me a soul*, donne-moi une âme! » « C'est
une chose douloureuse, ajoute Heine, quand les corps que
nous avons créés nous demandent une âme ; mais une chose
plus affreuse, plus terrible, c'est d'avoir créé une âme et de
l'entendre vous demander un corps et vous poursuivre de ce
désir... La pensée que nous avons fait naître dans notre
esprit est une de ces âmes, et elle ne nous laisse de repos
que nous ne lui ayons donné un corps. La pensée veut deve-

nir action ! » Or Emmanuel Kant avait fait naître en ses
disciples une âme nouvelle qui cherchait un corps, et une
pensée qui devînt action, le jour même où l'état du grand
Frédéric sembla réduit à néant ; car ce furent les disciples
de Kant qui entreprirent alors de relever la monarchie prussienne.

Kant avait dévoilé les misères de la raison spéculative,
mais en même temps il avait démontré que nous avons
la pleine possession de nos actes ; plus il avait fait l'intelligence petite, plus il avait grandi la volonté : les disciples,
hommes d'Etat et philosophes, pensèrent que la Prusse,
œuvre compromise de l'intelligence politique, devait être
relevée par l'action et par la volonté. Les hommes d'état
proclamèrent que, pour fortifier la communauté, il fallait
affranchir les forces individuelles, et, dans la loi bienfaisante
du 9 octobre 1807 « sur le libre usage de la propriété, » ils
écrivirent « qu'il est conforme aux éternelles lois de justice
et aux principes d'un état bien ordonné, d'écarter les obsta-
cles qui avaient empêché jusque-là l'individu de déployer
ses forces à la recherche de l'aisance. » Les philosophes,
habitués à contempler l'éternel et l'immuable, ne se senti-
rent pas atteints par l'accident, si terrible qu'il fût, d'une
bataille perdue. Il y a, dirent-ils, des biens hors de la portée
de Napoléon lui-même, et qui sont la foi, la science et la
tradition du passé. Il fallait seulement rendre la foi plus
active, la littérature plus populaire, et confier à la science le
renouvellement de l'esprit par l'éducation. Ainsi fut conçu
par des métaphysiciens de l'école de Kant le projet de sti-
muler les forces matérielles par la suppression des entraves
féodales, et les forces intellectuelles par la fondation d'une
université. Peut-être de si longues explications étaient-elles

nécessaires pour faire comprendre à maints politiques français, trop dédaigneux de ce qui n'est point la pure politique, l'idée, au premier abord surprenante, de réparer une défaite militaire en créant une école.

II

Les ressources ne manquaient pas à Berlin pour y fonder une université. Il s'y trouvait une académie des sciences, une école des mines, un collége médico-chirurgical, qui était une vraie faculté de médecine, des cours de droit au ministère de la justice, une école forestière au directoire général des domaines, une école et une académie des beaux-arts, une bibliothèque, un jardin botanique, un observatoire, des cabinets d'histoire naturelle, un musée anatomique, des collections d'instruments pour la physique, l'astronomie, la chirurgie, des cabinets de médailles et une galerie de tableaux. Quelques années encore avant la guerre, Frédéric-Guillaume III avait fondé des hôpitaux, une académie d'architecture, une école industrielle, une école agricole, un bureau de statistique. Le gouvernement s'efforçait ainsi de satisfaire aux divers besoins de la population ; mais Berlin ne possédait encore que des écoles professionnelles sans lien les unes avec les autres : la tâche de l'université devait être de les élever au-dessus de la préparation à des métiers, et d'en faire les parties harmoniques d'une grande unité. L'université ouverte, on y pourrait rattacher plusieurs de ces professeurs libres qui donnaient alors sur les sujets les plus divers ce que nous appelons des conférences. C'étaient des académiciens, des médecins, des magistrats, des administrateurs, des ecclésiastiques, des professeurs de colléges.

Quiconque croyait avoir quelque chose à dire se pourvoyait d'une autorisation de la police, louait un local, affichait son cours, et, pour peu qu'il eût du talent, réunissait autour de sa chaire un nombreux public, avide d'être initié aux connaissances nouvelles. Beaucoup de ces professeurs libres n'étaient que des parleurs, mais il se rencontrait parmi eux quel'ques hommes qui remuaient les esprits par la force de leur talent et de leur caractère : devant un auditoire où les ministres et les ambassadeurs prenaient modestement place, le plus illustre des disciples de Kant, Fichte, enseignait à la manière antique, discutant avec ses auditeurs, comme Socrate, pour « leur expliquer avec une évidence mathématique l'énigme du monde, » et leur démontrer « l'intime accord du savoir et de l'action, de la science et de la conscience. »

Les hommes étaient donc prêts, comme les instruments : longtemps on délibéra sur la meilleure façon d'employer les uns et les autres, et la délibération fut instructive. Des opinions très-diverses se trouvèrent en présence. Quelques esprits, se disant pratiques, ne voulaient point qu'on fondât une école à la façon allemande, où, sous prétexte de liberté protestante et scientifique, on perdît à la recherche de quelques curiosités vaines le temps qui devait être employé à former de bons serviteurs pour l'état et pour l'église. Ainsi avait pensé Frédéric II, qui eût voulu remplacer les universités par des écoles spéciales où l'enseignement fût réglé par un programme et contrôlé par des examens. D'autres voulaient au contraire épargner à l'institution nouvelle les entraves qui, dans les vieilles universités, gênaient l'exercice de l'absolue liberté de penser, supprimer par exemple les facultés, comme trop favorables à l'esprit de corporation,

qui est tout l'opposé de l'esprit scientifique, et se rapprocher
autant que possible de l'idéal jadis rêvé par le grand-élec-
teur. La vérité se trouvait entre ces deux opinions extrêmes,
car l'université ne pouvait être ni un simple assemblage
d'écoles professionnelles, ni cette sorte d'île enchantée dont
les habitants, étrangers aux nécessités humaines, contem-
pleraient en toute sérénité l'infini où se confondent la mer
et le nuage.

Le cabinet du roi s'étant adressé à tous les hommes capables de donner un bon avis, il vint de bons avis de tous les
côtés à la fois. Nombre d'écrits parurent, pleins d'enthousiasme, de patriotisme, d'espérance. Partout on y retrouve
la conviction qu'un état qui a gardé, dans l'extrémité où il
est réduit, de telles préoccupations intellectuelles ne saurait
périr, et que cette aspiration « vers les hautes régions » est
le gage d'une résurrection et d'un brillant avenir. « Terre !
terre ! je vois la terre ! » s'écrie Reil, écrivant à Nolte. « Je
suis ivre de joie, écrit Loder à Hufeland, à la pensée que le
roi ouvre l'ère nouvelle de la monarchie prussienne en aidant
au développement de la culture scientifique dans notre
pays. C'est un Dieu qui a mis au cœur de notre roi cette
pensée, que la réforme de l'état doit commencer par une
éducation meilleure de la génération à venir, et que cette
éducation doit être à la fois scientifique et morale. » Une de
ces lettres privées et publiques, qui étaient comme autant
de consultations au sujet de la future université, portait
comme épigraphe cette maxime, qui était dans le cœur de
tous : « Il ne faut jamais désespérer de la république ! » Mais
les deux opinions les plus considérables furent celles de
Fichte et du pasteur Schleiermacher, un des hommes qui
ont le mieux possédé le don d'agir sur les autres hommes,

parce qu'étant à la fois érudit et éloquent, philosophe et chrétien, il réunissait en lui ces deux puissances souvent ennemies, la raison et la foi.

On dira peu de chose ici du système de Fichte, parce qu'il n'était point applicable et ne fut pas appliqué. Moins préoccupé de l'éducation du commun des mortels que de celle « des serviteurs de l'idée, » Fichte, dans un langage à la fois géométrique et sacerdotal, à la manière des réformateurs antiques, disciples de Pythagore et constructeurs de cités idéales, traça le plan d'un monastère universitaire, dont les moines seraient les candidats au professorat, séparés du reste du monde, nourris, logés et entretenus par l'état, portant un uniforme d'honneur et soumis à une règle comme des religieux ; car Fichte était l'homme de la discipline et du devoir, et c'est par le renoncement de l'individu à sa liberté personnelle qu'il prétendait le conduire à la « liberté supérieure de l'âme ! » Tout autre était le projet de Schleiermacher, qui, en quelques pages où la pensée reste claire en étant profonde, exposa les vrais principes de l'enseignement supérieur. « L'école, l'académie, l'université, dit-il, ont chacune leur mission. A l'école, l'esprit est dégrossi par une gymnastique intellectuelle ; à l'université, on éveille chez l'étudiant l'esprit scientifique en lui montrant le lien qui unit toutes les parties du savoir ; à l'académie se fait l'exposition de la science. » Les étudiants sont divisés en deux classes, ceux qui se vouent à la science pure et ceux qui se destinent à quelque profession. Pour les uns et pour les autres, l'enseignement de la philosophie est une initiation nécessaire ; mais il ne s'agit point ici de pure spéculation : Schleiermacher veut que la philosophie prouve la réalité du savoir, détruise le prétendu antagonisme entre la raison et l'expérience, ouvre des perspectives à l'intelligence sur les immenses domaines de la nature et de l'histoire. La philosophie, au reste, ne doit pas absorber en elle tout l'enseignement. Les facultés ont leur raison d'être et subsisteront, à la condition qu'elles ne dégénèrent pas en écoles spéciales, et qu'elles consentent à n'être que les parties d'un tout. Comme Fichte, Schleiermacher pense qu'il faut au maître un « séminaire » d'élèves réguliers, car, dit-il, « l'enseignement est la communication de l'intime ; » c'est « une dialectique continue contre l'ignorance, » qui ne saurait s'exercer devant des auditeurs de passage ; mais toute contrainte sera bannie de l'université, où il ne sera pas fait de cours obligatoires. Les étudiants seront attirés et retenus au pied des chaires par la force et par le mérite de l'enseignement, sans le secours d'un mécanisme réglementaire ; ne faut-il pas que leur caractère se forme et qu'on commence par avoir confiance dans leur raison, qu'il s'agit de développer? Les maîtres devront être aussi libres que les élèves ; ils nommeront les administrateurs de l'université, qui se gouvernera elle-même, car « l'esprit scientifique est démocratique de sa nature. » A côté de l'université nouvelle, que Fichte voulait unique, subsisteront les anciennes : le monopole est une contrainte, et il est fatal à la science, à laquelle profitent les libres débats d'écoles rivales.

Schleiermacher examine à la fin si Berlin est un lieu bien choisi pour être le siége d'une université. Déjà la question avait été vivement discutée dans les conférences et publications sur la matière. Beaucoup d'objections avaient été faites contre Berlin. Les étudiants, qui ne sont pas riches en Allemagne, ne fuiraient-ils pas une ville où le loyer et la nourriture étaient à si haut prix? Les facilités que le vice trouve toujours dans une capitale, et à Berlin autant qu'en une autre ville du monde, n'étaient-elles point à redouter pour la moralité de la jeunesse allemande? Le professeur ne serait-il point un peu perdu dans la foule, lui qui était à Gœttingen et à Halle, par exemple, une manière de personnage? L'éclat du trône ne nuirait-il pas à la chaire? L'étudiant, ce tyran des petites villes, sur le pavé desquelles il faisait sonner ses bottes et laissait traîner son grand sabre, garderait-il dans la résidence royale, sous l'œil de la police et de la haute magistrature, les immunités juridiques et tant de sottes coutumes outrecuidantes et pédantesques dont il était si fier et qui le distinguaient du bourgeois, qu'on appelle en Allemagne le *philistin?* Telles étaient les craintes des admirateurs des vieilles coutumes. Les hommes sérieux répondaient que, pour avoir une école vivante, il la fallait placer là où était la vie, c'est-à-dire à Berlin ; car dans cette ville, où se traitaient les plus grandes affaires, et se produisait chaque jour quelque question nouvelle, les maîtres ne pourraient s'endormir, et les théories surannées fuiraient devant la lumière. Quant aux étudiants, il n'y avait point de mal à ce qu'ils laissassent le grotesque attirail de leurs corporations tapageuses, et se confondissent dans le grand courant de la population berlinoise. Schleiermacher résuma le débat et dit le dernier mot : il reconnut que le choix de Berlin n'était point sans dangers ; mais il voulut qu'on tînt compte de la situation présente de l'état. La création d'une université dans la capitale servirait la cause nationale : voilà qui décidait tout, et le philosophe terminait par ces prophétiques paroles : « Quand sera fondée cette organisation scientifique, elle n'aura point d'égale ; grâce à sa force intérieure, elle exercera son empire bien au delà des limites de la monarchie prussienne : Berlin deviendra le centre de toute l'activité intellectuelle de l'Allemagne septentrionale et protestante, et un terrain solide sera préparé pour l'accomplissement de la mission qui est assignée à l'état prussien. »

Dans tout ce projet, Schleiermacher n'avait pas donné la moindre place à la chimère ; il n'avait fait, en somme, que défendre le système des vieilles universités, éprouvé par une longue expérience, et qui avait pour lui la raison autant que la tradition. Pour en corriger les abus, il ne voulait pas d'autre remède que la liberté. Bien entendu, il était admis sans discussion et comme une règle tout élémentaire, qu'aucun professeur n'aurait le monopole de son enseignement. Le *privat-docent* pourrait élever sa chaire contre la chaire du professeur titulaire et lui disputer les étudiants. Ceux-ci, obligés d'acheter par une rétribution le droit de suivre un cours, auraient la liberté de choisir le maître auquel ils porteraient leur nom et leur argent. Les Allemands tiennent à cet usage de la rétribution directe du maître par l'élève, s'ajoutant au traitement payé par l'état : ils lui attribuent le triple avantage d'établir entre les professeurs une émulation où l'argent joue son rôle après l'honneur, de mieux faire apprécier aux étudiants un enseignement qui leur coûte un sacrifice, d'écarter l'oisif et le badaud, auditeurs d'occasion, qui, se renouvelant sans cesse, obligent le professeur à faire de chaque leçon un tout bien composé, sans intime relation avec ce qui précède ni avec ce qui suit, de sorte, comme dit Fichte, que « le cours d'une année est comme un tas de sable, auquel chaque leçon apporte son grain. »

L'accord étant fait, grâce à la discussion publique, il semblait que l'inauguration de l'université ne dût guère se faire

attendre; mais elle fut retardée par diverses circonstances.
C'est justice de louer, comme nous avons fait, la noble pensée de régénérer un pays vaincu en ranimant ses forces intellectuelles et morales; mais c'est justice aussi d'ajouter
que le zèle dans l'exécution ne répondit point à la beauté de
la conception. Les embarras où était impliquée la monarchie furent d'abord cause de quelque retard. Le système politique fut modifié : au gouvernement direct par le cabinet, succéda le gouvernement par les ministres. Des mains
de Beyme, le principal conseiller du roi, la direction des
affaires passa en celles de Stein. Ce grand ministre savait
assurément le prix et la force de l'éducation : « C'est
de l'éducation et de l'instruction de jeunesse, écrit-il
en 1808, que nous devons le plus attendre. Vienne le jour où,
par une méthode fondée sur la nature intime de l'homme,
chaque force de l'esprit sera développée, où la connaissance des principes régulateurs de la vie sera enseignée et
entretenue, où l'amour de Dieu, du roi, de la patrie, seront
cultivés avec soin, au lieu d'être si légèrement négligés :
nous verrons alors croître un génération physiquement et
moralement forte, et s'ouvrir devant nous un meilleur avenir! » Mais l'homme qui disait de si belles paroles était le
ministre d'un état à peine assuré de son lendemain; il était
contraint d'aller au plus pressé, qui était de trouver de l'argent pour payer la contribution de guerre, racheter le ter-
ritoire encore occupé par les vainqueurs, et réorganiser
l'administration et l'armée. Au reste, il n'était pas de ceux
qui voulaient que Berlin fût le siége de l'université. Il craignait les effets de l'humeur entreprenante des étudiants et de
la proverbiale faiblesse des filles berlinoises. « Cela fera, disait-il, trop de bâtards par an ! »

Ces dispositions du ministre encouragèrent divers mécontents dont la résistance n'était point honorable. C'était le collége médico-chirurgical, qui protestait contre toutes leçons de médecine faites sans sa permission et son contrôle. C'était l'académie qui prenait ses précautions contre l'université future : son directeur fit un grand discours, où il démontra qu'il fallait réserver à l'académie l'*objectif*, c'est-à-dire la science, et confiner l'université dans le *subjectif*, c'est-à-dire dans l'enseignement, de telle sorte qu'une bonne mémoire suffirait au professeur de l'université, au lieu que l'académicien aurait le privilége du génie ; l'académie craignait d'ailleurs d'être gênée dans l'usage de la bibliothèque royale, et d'avance elle s'en plaignait. C'était l'université de Francfort-sur-l'Oder qui redoutait la concurrence de Berlin, et faisait répéter par ses défenseurs que la grande ville effaroucherait les muses, qui « aiment le séjour des bois et des vallons. » D'autres difficultés venaient de professeurs dont on voulait s'assurer le concours, et qui le mettaient à trop haut prix. Plusieurs qui étaient venus à Berlin pour y attendre leur « vocation, » ne voyant rien arriver, se lassèrent. Ils prêtèrent l'oreille aux instances qui leur vinrent d'autre part ; de tristes exemples de faiblesse furent donnés, même par des promoteurs du grand projet : l'un d'eux fut sur le point d'accepter une chaire à l'Université de Halle, rouverte par la permission de l'empereur et désormais université napoléonienne. Tant l'héroïsme continu est difficile, même à des philosophes, et l'attrait d'un beau traitement irrésistible, même sur des professeurs qui ont voué leur vie à la science allemande !

Les fidèles furent pourtant plus nombreux que les défaillants, et, pour retenir ces derniers, ils demandaient instamment que l'on commençât, si modestement que cela fût. On commença donc. Quatre professeurs, désignés pour faire partie de l'université nouvelle, inaugurèrent leurs leçons dans l'hiver de 1807 à 1808. Parmi eux était Fichte. Il lut ses « discours à la nation allemande, » qui furent entendus de l'Allemagne entière, car il faisait de sa patrie l'éloge le plus passionné, mais aussi le plus propre à relever les courages. Il opposait le génie germanique à l'esprit néo-latin, vantait les qualités de la langue allemande, la force de travail du peuple allemand, le grand service que, par deux fois, il a rendu à l'humanité en délivrant le christianisme de l'esclavage des formes catholiques et en rapprenant au monde la liberté philosophique de penser, oubliée depuis l'antiquité. Puis il demandait s'il y avait encore un peuple allemand, si ce peuple se reconnaissait dans le miroir qu'il lui mettait sous les yeux, s'il n'avait point envie de redevenir ce qu'il avait été jadis, et quel moyen il y faudrait employer. « Oui, s'écriait-il, il y a un moyen d'entrer dans le monde nouveau, c'est l'éducation, c'est-à-dire l'art de former dans l'homme une ferme et infaillible bonne volonté ! Pour que nous ne soumettions pas notre esprit, faisons-nous un esprit solide et assuré ! Que chez nous la pensée et l'action soient d'une seule pièce et forment un tout inséparable, alors nous serons ce que sans cela nous nous contenterons toujours de devoir être, — des Allemands. » Ce qui ajoutait à l'âpre saveur de ces discours, c'est que les disciples de Fichte pouvaient tout à la fois entendre parler le maître et les tambours français résonner dans la rue. Fichte avait conscience du danger qu'il courait, et même il était porté à s'exagérer son héroïsme. Ce n'est point que l'autorité française ne surveillât ses collègues et lui. Pour des discours où

il exhortait ses ouailles à résister de toutes leurs forces « aux
attaques du mauvais, » le pasteur Schleiermacher fut cité
devant le maréchal Davoust ; mais Davoust se contenta de
l'appeler « tête ardente, » et, après lui avoir recommandé
d'être plus circonspect, sous peine de châtiment, il le renvoya chez lui. Schmalz, pour une « adresse aux Prussiens, »
fut signalé comme dangereux au maréchal, qui le fit arrêter, mais le remit en liberté très-peu de jours après, attendu
que les charges n'étaient pas suffisantes. Une semaine plus
tard, les troupes françaises quittèrent la ville sans que Fichte
eût été même inquiété. Il semble que cela contrarie les Allemands, qui lui voudraient mettre en main la palme du
martyre. L'auteur de l'histoire de l'université de Berlin,
M. Kœpke, la lui donne sans marchander, car voici comme
il parle de la mort du grand orateur, qui advint en 1814,
pendant la guerre d'indépendance : « La mort saisit aussi
Fichte, au chevet de sa femme, qui, après avoir soigné avec
une infatigable charité les blessés et les malades dans les la-
zarets, fut atteinte d'une fièvre typhoïde. Comme elle en-
trait en convalescence, Fichte, gagné par le mal, s'alita ; il
était dans un état désespéré quand il apprit que nos armées
avaient victorieusement passé le Rhin, et il mourut comme
il avait vécu, pour la patrie. » On conviendra que voilà une
nouvelle espèce de martyre, le martyre approximatif et par
ricochet ; mais si quelque Français de nos jours, dans une
ville occupée par l'ennemi, se fût permis de dire sur la
supériorité de la race française une très-petite partie de
ce qui fut professé par Fichte sur la supériorité de la
race allemande, en sous-entendant à chaque mot un appel
à la révolte, il n'eût pas attendu longtemps avant d'être
arrêté, jugé, condamné et précipité par la fusillade dans

une fosse que les exécuteurs lui auraient fait creuser de ses mains.

Cependant quatre professeurs, quel que soit leur mérite, ne font pas une université. Les négociations engagées, pour compléter le personnel languirent jusqu'au jour où, Dohna ayant été appelé au ministère de l'intérieur, après la retraite de Stein, la direction de la section de l'instruction publique fut confiée à Guillaume de Humboldt. Personne autant que lui n'était capable de mener à bien la grande entreprise. C'était un homme d'état autant qu'un homme de science. Collaborateur de Kant plutôt que son disciple, profond connaisseur en lettres anciennes, presque l'émule de Wolf, le grand critique et le grand phillogue, interprète autorisé de Gœthe, intime ami de Schiller, il avait lui-même fait faire les plus grands progrès à l'étude du langage. Bœckh a tracé de lui, dans un éloge funèbre prononcé devant l'académie, un beau portrait qui est ressemblant. « Rarement, dans les temps modernes, il s'est rencontré un homme qui ait manié les affaires publiques et la science avec tant d'adresse et de grandeur. C'était un homme d'état véritable, pénétré d'idées et guidé par elles, un homme d'état de haut esprit, à la façon de Périclès. Philosophie, poésie, éloquence, érudition historique, philosophique, linguistique, s'unissaient en lui sans discordance ! » Sans effort et rien qu'à consulter sa pensée, Humboldt trouva le plan de l'université modèle, où les lettres et les sciences vivraient, comme en lui-même, en parfaite harmonie.

Un local, de l'argent, des hommes, il chercha tout à la fois. Le local fut bientôt trouvé : ce fut le palais du prince Henri, frère de Frédéric II. Le palais avait des habitants qui ne délogèrent pas volontiers : c'étaient d'anciens serviteurs du prince, des officiers du cabinet militaire et le conseil municipal de la ville, qui tenait là ses séances. Il faut croire que ces hôtes n'étaient pas aussi pénétrés que le roi de la nécessité de réparer « les forces intellectuelles de la nation, » car il fut très-difficile de leur faire quitter la place. Les militaires cédèrent les derniers ; quand ils partirent, ils laissèrent leurs chevaux, dont on eut toutes les peines du monde à se débarrasser pour transformer les écuries en laboratoires. Enfin l'université fut maîtresse chez elle, et elle put être fière de son domicile : le roi avait prouvé qu'il entendait faire grandement les choses en lui donnant ce palais, le plus beau de la ville après le sien, orné, selon le goût du xviiiᵉ siècle berlinois, de colonnes et de pilastres corinthiens, situé au plus bel endroit de l'avenue « sous les Tilleuls, » auprès de la bibliothèque, de l'arsenal, où sont réunis les trophées des victoires prussiennes, à quelques pas enfin du propre palais des rois de Prusse ! C'était un infaillible moyen d'attirer sur l'institution l'attention des indifférents et le respect de la foule.

Sur la dotation de l'école nouvelle, il y eut de longs débats. Humboldt aurait voulu que l'université reçût en don perpétuel des domaines qu'elle administrerait elle-même, afin « qu'une entière liberté fût assurée à la conviction scientifique. » Les savants étaient de son avis. Le roi et le ministre des finances y inclinèrent d'abord ; mais il se trouva des difficultés d'exécution qui durèrent tout le temps que Humboldt dirigea l'instruction publique. Les politiques firent alors des objections, qui parurent très-graves au roi, et la décision fut prise contrairement aux vœux de Humboldt, sous un de ses successeurs, Schukmann, qui fut plus soucieux des droits de l'État que de l'indépendance « de la conviction scientifique. » Schukmann pria le chancelier Hardenberg de décider s'il convenait de rendre les établisse-ments scientifiques à tout jamais indépendants de l'état et indifférents à la constitution et à la dynastie, s'il fallait mettre le droit idéal et cosmopolite du savant au-dessus des obligations positives du citoyen envers le roi et envers ses concitoyens. Personne, dit-il, ne peut deviner l'avenir, car l'esprit du temps flotte au gré des théories les plus diverses ; mais la liste des pensions montre que celui qui satisfait les besoins des estomacs a de solides garanties contre le travail des têtes. Fallait-il abandonner ces sûretés dans l'aveugle confiance que la raison dominerait jusqu'à la fin des siècles ? « Je sais bien, disait le directeur de l'instruction publique, que ce sont là de très-vulgaires pensées, et qu'on les peut présenter comme telles, en les comparant à la belle maxime que la libre éducation scientifique est le but le plus élevé de la destinée humaine. Je suis plein de respect pour cette belle maxime, mais je garde mon opinion. » Il la fit même pré-valoir ; mais au moins la dotation pécuniaire annuelle fut convenable, car l'université figura au budget des établisse-ments scientifiques, dès sa première année, pour 54,146 thalers, c'est-à-dire pour environ 204,000 francs. Si l'on tient compte de l'état misérable des finances prussiennes, et si l'on ajoute que le produit des rétributions scolaires était entièrement réservé aux professeurs, il faut convenir que la Prusse dépensait ainsi, dans des années de malheur, pour une seule école d'instruction supérieure, à peu près autant que notre riche pays dépense pour tous ses établissements de même ordre réunis.

C'est dans le choix du personnel, où il ne rencontra pas de contrariétés, que Humboldt a rendu les plus grands ser-

vices. Il eut la satisfaction, sachant exactement ce qu'il
voulait, et voulant ce qu'il fallait, d'agir selon sa volonté.
Que ne puis-je citer en entier le rapport au roi, où se montre
si bien l'unité de ses convictions politiques et scientifiques !
« Déjà, dit-il, les réformes qui ont été faites dans l'État ont
assuré à la malheureuse Prusse le premier rang comme
puissance intellectuelle et morale en Allemagne : parmi ces
réformes, la création de l'université sera l'une des plus
importantes. Dans un temps où un maître étranger et
une langue étrangère dominent en Allemagne, il n'y a
presque plus de libre asile pour la science allemande : il en
faut ouvrir un et y appeler les hommes de talent qui ne
savent plus où se réfugier. » Il se mit à la recherche de ces
hommes. Il eut soin de s'éclairer des meilleurs conseils, car
il appela auprès de lui une « délégation de savants, » chargée
d'arrêter « les principes pédagogiques et les maximes dont
l'administration devrait s'inspirer; » mais nul ne connaissait
mieux que lui ces principes et ces maximes : il en a semé
les admirables lettres qu'il a écrites de sa propre main à
tous ceux qu'il voulait appeler à l'université de Berlin, et
ses rapports au roi sur ces *vocations*. On en pourrait com-
poser ce qu'on appelle en langue de bureaux des notes du
personnel, où l'on verrait quelles qualités Humboldt requiert
d'un professeur. Il loue Fichte d'être un des meilleurs philosophes de l'Allemagne, mais aussi un homme « qui, dans
le commun malheur, a donné les preuves les plus convain-
cantes de la fermeté de son caractère et de la pureté de son
patriotisme; » chez Schleiermacher, le talent du « professeur
de théologie le plus distingué, du prédicateur le plus aimé
de Berlin, » mais aussi « le caractère le plus incorruptible. »
Il prie le roi d'appeler à Berlin Reil, « un des meilleurs

médecins de l'Allemagne, » et qui a fait faire les plus grands progrès à la science ; d'ailleurs, ajoute Humboldt, « Reil a sur l'organisation des études médicales des idées qui suffiraient à rendre sa présence très-désirable ici, et en même temps il se recommande par son caractère et par son ferme dévouement envers votre majesté royale et l'état prussien. » De pareilles propositions sont faites pour Savigny, professeur de droit à Landshut, « l'un des premiers, parmi les juristes allemands, qui traite en philosophe la science du droit, s'éclaire au flambeau d'une vraie et rare érudition philologique, et qui saura diriger l'étude de la jurisprudence, aujourd'hui hésitante et embarrassée entre la vieille législation romaine et la moderne; » pour Klaproth, « qui a enrichi la chimie par ses découvertes et auquel il faut donner le moyen de se consacrer sans souci à la science »; pour vingt autres, plus ou moins illustres dans toutes les spécialités du savoir humain, mais qui s'élevaient au-dessus de ces spécialités pour les faire contribuer à l'éducation générale de l'esprit.

Rien ne rebutait Humboldt dès qu'il s'agissait de gagner un homme de mérite. Ses négociations furent très-difficiles avec Wolf. C'était le premier, sans conteste, des philologues classiques ; il était pénétré du sentiment de sa valeur, et demandait beaucoup d'argent, encore plus d'égards. Il était tourmenté de l'envie de faire « une figure extra-scientifique, » et de s'entendre appeler « monsieur le conseiller d'État. » Humboldt s'en affligeait : « Un savant comme vous, lui écrivait-il, ne doit pas être conseiller d'État; il doit se mieux estimer, mépriser les titres et ne point s'embarrasser de lourdes affaires ! » Wolf tenait bon, et l'aigreur de son caractère finissait par lasser ses meilleurs amis ; mais Humboldt ne se lassa point. Plus que l'érudition, il estimait chef Wolf la façon dont ce professeur transmettait sa science, car « tous ses élèves apportaient dans leurs recherches une vraie profondeur d'esprit. » Comme Niebuhr, cet autre admirateur de Wolf, Humboldt pensait qu'on devait pardonner bien des défauts à un homme qui avait mené tant d'autres hommes « à la vie supérieure par l'amour de l'antiquité. » Le large esprit du créateur de l'université n'admettait point que l'on emprisonnât son intelligence dans quelque coin du savoir : « sans la connaissance de l'antiquité classique et sans la philosophie, disait-il, il n'y a pas de culture intellectuelle ! »

Humboldt ne mena point jusqu'au bout l'œuvre à laquelle il avait consacré de si heureux efforts ; pour des raisons mal connues, il obtint, au mois d'avril 1810, d'être relevé de ses fonctions, et fut nommé ambassadeur à Vienne. Un instant, on craignit que son départ ne compromît le succès de l'entreprise ; mais on touchait au but, et il n'y avait plus qu'à suivre la route tracée. Les facultés furent complétées ; aux professeurs ordinaires et extraordinaires s'adjoignirent de nombreux *privat-docenten*, pris pour la plupart dans les colléges de la capitale. Le corps universitaire, dont les membres commençaient à se connaître et à délibérer en commun, était pénétré de cette vérité qu'il fallait laisser subsister et même au besoin provoquer de l'opposition entre les doctrines des maîtres, pour que la science ne fût pas tranquillement « exploitée par chacun d'eux comme un métier. » Fichte, quelque grande que fût sa renommée, ne suffisait point à la faculté de philosophie : on cherchait à lui opposer quelqu'un qui pensât autrement que lui et qui représentât, en face de l'idéalisme, la philosophie naturelle.

Schleiermacher proposait Steffens, adversaire de Fichte, et qui avait enseigné avec éclat à Halle. Au dire d'un autre professeur, Steffens était l'homme du monde le plus capable « d'éveiller l'intelligence des jeunes gens, de les remplir d'enthousiasme pour la science, de leur donner le sentiment de quelque chose de plus haut que ce qu'on rencontre dans la vie quotidienne ! » Le débat dura long-temps, et la direction de l'instruction publique finit par y intervenir, près de deux ans après qu'il était commencé. Schukmann fit un rapport au roi sur la nécessité d'appeler un nouveau professeur de philosophie. « Je ne prétends pas, dit-il, juger le système de Fichte, mais il est de notoriété publique qu'il n'a rien à voir avec les sciences positives ni avec la vie pratique. Tous les journaux et un grand nombre d'écrits montrent au contraire que la philosophie naturelle de Schelling domine les esprits. Il ne m'appartient pas de donner une opinion sur cette philosophie, ni de décider si elle n'est pas un pur produit de l'imagination et d'un esprit pénétrant jouant avec des hypothèses; ce qui est certain, c'est qu'elle a trouvé accès dans les sciences positives, qu'on l'y prend pour guide dans les recherches, et qu'à moins d'y être initié, on ne comprend rien aux écrits contemporains sur la médecine, la physique et la chimie. Je pense donc qu'il est indispensable d'appeler un professeur, chargé d'en-seigner ce système. » Voilà un modèle de la conduite que doit tenir l'État dans un débat tout scientifique : impartial, mais bien informé, il ne doit être guidé que par l'intérêt supérieur de la science.

A la fin de septembre 1810, les apprêts étaient terminés; le règlement intérieur avait été arrêté après que trois pro-fesseurs, délégués par leurs collègues, eurent visité les

universités anciennes pour y consulter les traditions et l'expérience. Les facultés avaient nommé leurs doyens ; les
professeurs ordinaires, formant le sénat académique, avaient
élu le recteur : Schmalz revêtit le premier la dignité rec-
torale, qui conférait le titre de « magnificence » et le droit
de figurer à la cour. On avait choisi le sceau de chaque
faculté, puis celui de l'université. Le 22 septembre, le roi
reçut le rapport final, et le programme des leçons, où se
lisaient tant de noms de professeurs illustres, fut publié. Le
1er octobre, le registre des inscriptions fut ouvert. L'opinion
publique en Allemagne s'intéressait vivement à ces débuts
de la grande institution. La *Gazette d'Augsbourg* saluait
« la renaissance intellectuelle d'un état durement éprouvé, »
et elle félicitait Berlin, au nom « de tous ceux qui ont des
sentiments allemands, qu'ils habitent aux bords du Rhin
ou bien aux bords du Danube ! » Enfin, le 10 octobre, après
que les professeurs eurent prêté entre les mains du recteur
« le serment d'être fidèles et obéissants au roi et de se consacrer tout entiers à l'université, » le sénat académique fut
officiellement constitué. Presque tous les cours étaient
ouverts à la fin du mois. Il n'y eut point d'inauguration
solennelle, comme avait été cent soixante ans plus tôt celle
de Halle, point de prince entouré de ses ministres et de
sa cour, point de salves de canon, de discours sans fin,
de défilés sous les arcs de triomphe, point de médailles
commémoratives jetées au peuple, ni de fontaines versant
le vin à tout venant. La fondation de Halle avait préparé
l'élévation du royaume de Prusse ; celle de l'université
de Berlin préparait sa résurrection, mais cette résurrection était comme incertaine et l'avenir était noir et
menaçant.

Ainsi fut créée l'université berlinoise. Dans les années qui suivirent, mainte imperfection fut corrigée, et l'on ne saurait trop recommander le livre de M. Kœpke à ceux que préoccupe la pédagogie de l'enseignement supérieur. Un épisode pourtant nous attire dans l'histoire de ces années : je veux parler du rôle que l'université a joué dans le mouvement national de 1813. Nulle part cette insurrection patriotique n'a été plus louée qu'en France, car nous avons ce privilége des peuples généreux de pouvoir admirer nos ennemis. Chose étrange, nous y mettons même de l'aveuglement et de la partialité! Il faut que ce soit un Allemand qui nous ramène à l'exacte vérité, en nous montrant que ce bel héroïsme a, pour éclater, attendu qu'il pût le faire sans danger. « Lorsque Dieu, les frimas et les Cosaques, dit Henri Heine, eurent détruit les meilleures troupes de Napoléon, nous autres Allemands, il nous prit la plus vive envie de nous délivrer du joug étranger ; nous brûlâmes de la colère la plus mâle contre cette servitude trop longtemps supportée ; nous nous échauffâmes au son des belles mélodies et des mauvais vers des chansons de Kœrner, et nous gagnâmes la liberté dans les combats, car nous faisons tout ce que nous commandent nos princes. » L'université de Berlin ne fut point plus téméraire que la cour et le peuple de Prusse. Au mois d'août 1812, comme une partie de notre armée traversait Berlin pour se rendre à Moscou, les professeurs, qui célébraient une fête, y invitèrent très-poliment le gouverneur français et les officiers supérieurs, auxquels Bœckh lut un beau parallèle, en langue latine, entre Athènes et Sparte; après quoi, nos soldats se rendirent où les attendaient « Dieu, les frimas et les Cosaques. » Les esprits avaient été remués par leur passage; mais une victoire des armes françaises

eût calmé cette effervescence, et nos généraux au retour
auraient retrouvé leur place d'honneur dans la salle des fêtes
du palais universitaire. M. Kœpke, sans qu'il s'en doute,
est de l'avis de Henri Heine, car il dit : « Bientôt arrivèrent
les premières nouvelles de l'anéantissement de l'armée française; on sentit que le moment décisif était venu ; les salles
de cours commencèrent à se vider !... » Et pourtant il serait
sottement injuste de ne point louer l'empressement que
mirent les étudiants à offrir leur vie pour le service de la
patrie quand le roi, après de misérables hésitations, eut
publié *l'Appel à mon peuple !* Ce ne fut point alors une dis-
tinction que de s'enrôler : ceux qui restaient étaient l'excep-
tion. On ne se demandait point entre étudiants : « Sers tu ? »
On disait : « Où vas-tu servir ? » Un étudiant en théologie écrit
à son frère, qui vient de s'enrôler comme lui : « Sois pieux,
et confie-toi en Dieu. Il faut que l'individu périsse pour que
la communauté demeure. Il faut semer ce qui est mortel
pour que l'immortel fleurisse; nous voulons mourir pour la
patrie, afin que de nobles fruits sortent de cette noble
semence ! » On sent à ces paroles le disciple de Schleiermacher et de Fichte. Ce furent plus que des paroles, car la
seule université de Berlin, qui comptait alors 450 étudiants,
eut beaucoup de blessés et 43 morts dans les guerres de
1814 et de 1815. Elle laissa quelqu'un des siens sur chaque
champ de bataille : deux sont ensevelis au pied de la colline
de Montmartre. L'université donna une fête funéraire en
leur honneur, puis elle célébra les vainqueurs à sa façon :
elle honora de ses diplômes de docteur les ministres et les
généraux qui avaient le mieux mérité de la chose publique,
et parmi eux Blücher, que le peuple appelait *le général En
avant*, et que l'université nomme en son docte langage

Germanicæ libertatis vindicem acerrimum, gloriæ borussicæ reciperatorem invictum, felicem, immortalem.

Ainsi l'université de Berlin, comme ses devancières, s'était, en une circonstance solennelle, mêlée à la vie nationale. Depuis, elle a rendu les plus grands services à l'état, qui l'avait fondée dans la misère et le péril. La prédiction de Schleiermacher s'est accomplie à la lettre : Berlin est depuis longtemps la métropole intellectuelle de l'Allemagne protestante. Son université a su appeler à elle les plus illustres savants et les philosophes les plus capables « de changer la pensée » d'une génération et de créer « une âme nouvelle. » N'oublions pas qu'en Allemagne une transition quasi insensible ayant conduit de la réforme à la philosophie, les philosophies diverses y sont comme des religions qui s'emparent des âmes : Kant est un réformateur comme Luther, et Hegel, qui, en ce siècle, a régné sur l'université de Berlin, fut une sorte d'apôtre. Un très-perspicace écrivain allemand a pu dire que 1813 n'aurait pas été possible si Kant n'avait point parlé, ni 1866 si Hegel n'avait fait pénétrer dans les esprits ses doctrines sur l'état, dont est imprégné le grand parti national-libéral et qui justifiaient à l'avance la politique de M. de Bismarck. C'est ainsi qu'entre ses devoirs envers la science pure et ses devoirs envers l'état, l'université berlinoise a trouvé des accommodements, heureuse si elle ne sacrifiait jamais les premiers aux seconds, comme a semblé l'en louer, dans son discours du 5 avril 1870, M. du Bois Reymond, en prononçant cette parole que nous livrons à la réflexion des politiques, indifférents en matière de pédagogie : « L'université de Berlin-casernée (*cinquartier*) en face du palais du roi, est la garde du corps intellectuelle de la maison de Hohenzollern ! »

III

Nous permettra-t-on de tirer une courte morale de l'étude
qui précède? Au temps où nous sommes, une excursion
faite par un Français en terre étrangère ne saurait être
désintéressée : il faut qu'il en rapporte ce qu'il juge utile
à sa patrie. « On doit beaucoup apprendre de son ennemi : »
voilà un proverbe allemand dont il faut faire un proverbe
français; mais est-il besoin de dire ce que nous devons
apprendre dans cette histoi e des débuts d'une université
prussienne? Il y a aujourd'hui à Paris, plus qu'à Berlin
en 1807, toutes les ressources nécessaires en établissements
et en hommes. Ici les facultés de théologie, de droit, de
médecine, des lettres et des sciences ne sont point à créer.
A côté d'elles se pressent nos laborieuses écoles spéciales :
les écoles normale, polytechnique, centrale, les écoles des
chartes, des beaux-arts, des mines, des ponts et chaussées,
des langues orientales, la jeune et vaillante école des hautes
études, l'école libre des sciences politiques, cette intelligente création de l'initiative privée, et ces grands établissements ouverts à la recherche des vérités nouvelles : l'Observatoire, auquel se rattachent tant d'illustres souvenirs,
le Muséum, qui a vu se succéder les législateurs des sciences
naturelles, le Collége de France, où tant de routes ont été
défrichées dans toutes les directions du savoir, l'Institut
enfin, qui est, comme disait Daunou à la Convention
nationale, « l'abrégé du monde savant et le corps représen-
tatif de la république des lettres! » Et que de matières
s'offrent au travail dans nos musées, dans nos galeries, dans

nos bibliothèques ! Mais à Paris, comme à Berlin en 1807, nous ne possédons que les membres épars d'une université. Certains de ces membres sont pleins de vie, comme les facultés de droit et de médecine ; mais ce sont en réalité des écoles spéciales donnant accès à de certaines professions, et il ne faut point leur demander cette éducation supérieure que donne la haute culture littéraire et scientifique. Quant à nos facultés des lettres et des sciences, elles languissent faute d'élèves : n'est-il pas lamentable de voir tant de maîtres éminents réduits à chercher quelque tête intelligente et jeune parmi un auditoire composé en grande partie d'hommes qui ont vieilli dans d'autres professions que les libérales, et qui ne leur est pas même fidèle l'année durant ; car il fond en même temps que les neiges, quand la température devient plus douce autour des bancs ensoleillés du Luxembourg, et, pour parler comme les pédagogues allemands du siècle dernier, Apollon fait le plus grand tort aux muses !

Que de misères aussi dans nos établissements scientifiques ! En 1867, M. Duruy, ministre de l'instruction publique, a publié la *Statistique de l'enseignement supérieur*, document très-étudié où se mêlent, à de savantes recherches sur le passé de nos grandes écoles, des projets et des vœux de réformes ; à chaque page de l'introduction est signalé le déplorable état des institutions universitaires. « Tout Paris est renouvelé, y lit-on ; les bâtiments affectés à l'enseignement supérieur sont seuls dans un état de vétusté et d'insuffisance qui contraste avec la grandeur imposante d'autres édifices. » Suit une triste nomenclature : la Sorbonne est telle à peu près que l'a faite Richelieu ; elle ne satisfait plus aux exigences nouvelles : on a parlé de l'agrandir, et la première pierre d'un nouveau bâtiment a été posée en 1855, mais elle attend encore la seconde. L'école de médecine a besoin de laboratoires assez nombreux pour que les 1,800 élèves de la faculté y trouvent place ; si on ne les lui donne pas, « il faut faire au pays ce douloureux aveu que la science médicale française ne peut manquer d'être dépassée par la science étrangère. » Au Muséum, faute d'espace, plusieurs galeries sont « moins des collections faites pour l'étude que des magasins où s'entassent des richesses stériles. » Le Collége de France est à l'étroit : « dans telle partie, la santé des maîtres est compromise par l'insalubrité du milieu ; les laboratoires ne sont que des réduits sans air, mal éclairés ; les professeurs ne sauraient former d'élèves ; tout au plus peuvent-ils avoir dans la salle des cours des auditeurs de passage, dont la curiosité sans doute est éveillée, chez qui le désir et la vocation du travail se manifestent, mais dont la bonne volonté demeure impuissante parce que la pratique de la science leur fait défaut. » Le ministre qui a eu le courage de faire au public de si pénibles aveux a plus contribué que personne à réparer le mal qu'il signalait. Des laboratoires ont été construits, et M. Claude Bernard, aux travaux de qui les savants du monde entier sont attentifs, a pu sortir enfin du « réduit » où il a été longtemps confiné sans qu'il lui fût possible d'y faire asseoir deux visiteurs à la fois. L'École des hautes études a été fondée, et elle a prouvé déjà combien est féconde l'intimité du maître et de l'élève, vivant en commun et familièrement au laboratoire ou dans la salle d'études, tout près des instruments nécessaires au travail, fourneaux, machines, livres ou manuscrits. Ainsi a été montrée la route vers un meilleur avenir ; mais avec quelle lenteur on y a marché depuis ! De temps à autre un ministre répète les doléances qu'il a trouvées dans la statistique de 1867 ; il reparle des réformes qu'on y a proposées, et tout finit par des discours.

C'est une grave erreur de croire que la liberté de l'enseignement supérieur sera la source de grands progrès. Voilà vingt-six ans que la France a été dotée de la liberté de l'enseignement secondaire : quel progrès en est résulté? « Une chose, dit M. de Laprade au début de son livre sur *l'Éducation homicide*, nous a toujours émerveillé dans la polémique sur l'enseignement : depuis plus de trente ans qu'elle s'ag te avec passion, comme entre des gens qui auraient des idées très-diverses, l'uniformité la plus absolue n'a pas cessé de régner dans l'éducation, pas une vraie réforme n'a été introduite ! » En effet, quand les religieux ont recouvré par la loi de 1850 la liberté d'enseigner, ils ont trouvé l'Université en possession de leurs méthodes et de leur pédagogie, dont elle avait pris la contagion dans les murs des couvents transformés en colléges. Ils ont repris leur bien : professeurs de l'état et professeurs libres se sont mis à ma cher dans la même voie, côte à côte et de la même allure : le public n'a rien à gagner à cette inféconde rivalité. Aujourd'hui les évêques fondent des facultés rivales de celles de l'état, mais organisées comme elles, avec un personnel de tous points inférieur. De part et d'autre, on suivra les mêmes programmes pour préparer les étudiants aux mêmes grades. Si le déplorable article de la loi récente sur l'enseignement supérieur qui a créé les jurys mixtes n'est point rapporté, les grades mêmes perdront leur valeur, et la libre concurrence, en dépit de toutes les apparences contraires, aura pour effet d'abaisser les études !

Il ne suffit donc pas de légiférer pour relever notre enseignement supérieur, il faut réformer. Une réforme nous est promise : la loi de 1875 oblige, par une disposition inscrite à l'article 24, le ministre de l'instruction publique à présenter dans le délai d'une année un projet de loi sur la réorganisation des facultés de l'état : n'est-ce pas le moment d'aller redemander à l'étranger nos vieilles traditions qu'il a reprises, et de tourner nos regards vers ces universités allemandes, filles de la glorieuse « école de Paris? » Il y a deux mois, M. Waddington, dans un discours adressé aux sociétés savantes des départements, a parlé de constituer de « puissantes universités avec les facultés éparses. » C'est là qu'est tout le problème; mais il est difficile et ne peut se résoudre en quelques journées. Pourtant il semble que la solution soit mieux préparée aujourd'hui qu'elle ne l'a jamais été. Les saines notions sur l'enseignement supérieur ont pénétré les esprits. Des études ont été publiées, où l'on a marqué à côté de l'idéal le possible [1], et déjà l'on entrevoit dans un avenir plus rapproché la renaissance de l'université de Paris ! Le choix de la capitale a des inconvénients ; mais il s'impose : c'est là qu'il faut commencer l'expérience, parce que tous les éléments y sont réunis, et qu'il importe qu'elle réussisse le plus tôt possible. Nos malheurs ont créé de grands devoirs aux générations nouvelles : il faut les y préparer. Or quelle préparation sérieuse s'offre aujourd'hui au jeune Français qui sort du collége à dix-huit ans? Il a subi l'épreuve d'un baccalauréat encyclopédique, et, fort de son diplôme qui cache souvent la plus triste misère intellectuelle, il n'a plus d'autre souci que d'apprendre un métier. Après quelques années d'études de

1. Voyez *De la Possibilité d'une réforme de l'enseignement supérieur*, par M. Gabriel Monod, directeur-adjoint à l'École des hautes études. Paris, Leroux.

droit ou de médecine, il entre dans la vie, à l'étourdie, « sachant un peu de tout, rien de l'ensemble, à la française, » comme dit Montaigne. C'est assez peut-être dans les temps calmes et prospères, mais non point en ceux où nous vivons.

Supposez que des universités ont été organisées à Paris, et bientôt après, dans trois ou quatre centres bien choisis, qu'elles sont pourvues d'argent et des instruments de toute sorte nécessaires au travail, que toutes les facultés y ont des élèves, que l'enseignement, dépouillé de son apparat oratoire, y est devenu « la communication de l'intime : » de merveilleux effets ne se feront pas attendre. La science française reprendra son rang dans le monde, car, si elle l'a perdu pour un moment, c'est que nos savants sont à l'avance vaincus par l'armement supérieur de leurs rivaux. C'est en France qu'ont été faites la plupart des grandes découvertes scientifiques ; mais, dans les voies nouvelles ouvertes par nous, les Allemands ont marché plus avant que nous. Cuvier a créé l'anatomie comparée, mais nous avons pour toute la France une chaire d'anatomie comparée : il n'est pas une seule université en Allemagne qui n'ait la sienne. La philologie renouvelle de nos jours l'histoire de l'humanité ; l'étude des langues orientales, par exemple, a fait faire de grands progrès à la science des religions ; c'est en France qu'elle a été inaugurée : elle est très-florissante en Allemagne et serait à peu près abandonnée chez nous, n'étaient le Collége de France et l'école des hautes études. Nous laissons même les Allemands envahir notre domaine national et s'y installer en maîtres ; ils publient avant nous les monuments de notre vieille langue ; c'est hier seulement qu'a été fondée la *Société des anciens textes français* pour mettre un terme à cette humiliation. On pourrait poursuivre ce triste parallèle ; mais c'en est assez pour faire regretter que, dans l'œuvre de réorganisation de la France, l'on se soit jusqu'à présent si peu soucié des moyens de restaurer notre gloire intellectuelle, et d'assurer du même coup une éducation meilleure aux Français de demain. Dans des universités, en effet, les maîtres, isolés aujourd'hui de nos facultés et de nos grandes écoles, comprendraient et proclameraient leur mission d'éducateurs. Ils coordonneraient leurs efforts pour que toutes les parties de la science fussent enseignées et que le lien en fût visible à tous. La jeunesse auprès d'eux continuerait à se préparer à des professions diverses, mais ils ne souffriraient plus que la préoccupation du métier hantât seule les intelligences. Ils élargiraient l'étroit horizon qui suffit aujourd'hui au regard de l'étudiant. Ils introduiraient le futur médecin à la faculté des sciences, où les sciences naturelles, la physique et la chimie ont tant de choses à lui apprendre ; le futur magistrat à la faculté des lettres, où le réclament la philosophie, l'histoire, la philologie, ces flambeaux des études juridiques.

Une fois la curiosité intellectuelle éveillée, elle ne s'endormira plus. Que sur ce théâtre retentissant d'une université vivante une voix se fasse entendre qui domine les autres par l'autorité du talent ou du génie : quoi qu'elle enseigne, la jeunesse entière fera silence pour l'écouter ; pas une grande découverte ne passera inaperçue, pas une vérité utile ne sera perdue. Alors sera trouvé le « chemin de la vie supérieure, » et le vide que laissent les religions en s'en allant sera en partie comblé. Les progrès du matérialisme et du petit esprit s'arrêteront dans cette France qu'ils menacent d'envahir, et les âmes retrouveront le sentiment, nécessaire à qui veut bien vivre, qu'il y a « quelque chose au-dessus de la vie ! » C'est un rêve, dira-t-on, mais qui est réalisable, avec de longues méditations, une grande persévérance, beaucoup d'argent, et qu'il faut réaliser, car le système actuel d'éducation est condamné sans rémission. Qu'avons-nous gagné à vouloir être pratiques, comme on dit, et à passer sans transition du collége aux affaires? Nos affaires, les avons-nous donc si bien conduites? Nous n'avons que trop montré la justesse de cette profonde parole d'un homme politique allemand, M. de Mohl : « Les choses vont bien mal dans un pays où la plus haute culture intellectuelle consiste en une simple aptitude aux affaires, dans un Etat dont les fonctionnaires dirigeants ne sont pas en même temps les esprits les plus cultivés de la nation ! » C'est pourquoi il faut demander de nouvelles forces à l'éducation par la science, c'est-à-dire à l'art « de former dans l'homme un esprit solide et assuré, et une ferme et infaillible bonne volonté, » comme parlait Fichte aux futurs volontaires de la guerre d'indépendance.

NOTE

SUR

L'UNIVERSITÉ ALLEMANDE DE STRASBOURG

L'université de Berlin a été fondée après la défaite; après la victoire, ont été fondées en 1817 l'université de Bonn, et en 1871, l'université de Strasbourg. A la première a été assignée la tâche de réveiller l'énergie intellectuelle et morale d'un peuple qui avait à reconquérir son domaine perdu; les deux autres ont été instituées pour achever l'œuvre de la force dans la terre conquise, en attirant les intelligences et en les retenant auprès de lumineux foyers allumés par les vainqueurs au lendemain même de la victoire.

Que les Allemands se soient trompés pour Strasbourg et pour l'Alsace-Lorraine, nous l'espérons fermement; mais ils ont réussi à Bonn et dans la province rhénane, où l'université a fait plus encore qu'on n'attendait d'elle.

Nous ne connaissons pas ces façons d'achever les conquêtes. Certes, nous avons jeté dans le monde bien des idées nouvelles. L'Allemagne a été transformée au contact des armées révolutionnaires et impériales, qui ont achevé chez elle la destruction du moyen-âge; mais les idées de 1789 sont si générales, si philosophiques, si humaines, en un mot, que l'humanité les a reconnues comme lui appartenant en propre, et que les peuples, en les adoptant, ont pu sans se croire ingrats, garder leur haine pour le pays d'où elles venaient. On recueille de bien autres profits à s'emparer des âmes par l'éducation, à y verser le génie d'un peuple, ses lettres, sa philosophie, sa science. Si l'histoire, profondément étudiée, nous fait les contemporains du passé, on ne peut pénétrer avant dans la philosophie, dans la poésie, dans la science d'un peuple, sans de devenir pour un temps le concitoyen de l'étranger. C'est ainsi que les étudiants des provinces rhénanes sont devenus les concitoyens de la Prusse. Les traités de 1815 ont fait l'annexion violente, et l'université de Bonn l'annexion morale.

De toutes les forces de notre âme, avec la conviction d'un patriotisme qui n'est pas sans inquiétudes, nous adjurons ceux qui tiennent entre leurs mains les destinées de notre enseignement national, ministres, sénateurs, députés, de méditer le court abrégé qui suit d'une brochure publiée par M. le docteur Dietzel, membre de la Chambre de Prusse, sous le titre : *Strasbourg, Université de l'empire germanique :*

« Ce qu'il importe surtout à l'Allemagne, dit le publiciste prussien,
« c'est de faire voir au monde que ses derniers succès ne tiennent pas
« seulement à sa supériorité militaire, mais qu'elle les doit surtout
« au rang prééminent qu'elle occupe dans le domaine de la science.
« Il ne faut reculer devant aucune dépense pour faire pénétrer
« cette vérité dans le sentiment public, et l'exemple de l'université
« de Bonn pourra nous tracer la marche qu'il conviendra de suivre
« pour celle de Strasbourg.

« De même qu'en 1871 l'empire germanique a fait la conquête du
« Haut-Rhin, de même, en 1815, la Prusse s'était emparée, sur la
« rive gauche du fleuve, de vastes et précieux territoires qui, jusque-là,
« avaient fait partie de l'empire français, et qu'il s'agissait de faire
« passer sous le régime prussien. La population de ces territoires
« avait été, comme celle de l'Alsace-Lorraine, aliénée à la vie scien-
« tifique et politique de l'Allemagne ; elle s'était imprégnée des idées
« françaises et se montrait satisfaite d'appartenir à la famille fran-
« çaise dont elle avait partagé la gloire et la grandeur. Elle éprouva
« donc un profond sentiment de répulsion en se voyant détachée de
« la souche française pour être incorporée à la Prusse ; et, en
« somme, les difficultés de la fusion étaient alors plus grandes en-
« core qu'elles ne le sont aujourd'hui. D'abord, il y avait dans les
« populations absence complète du sentiment national dont la
« Prusse était loin à cette époque d'être, comme aujourd'hui, le
« représentant ; ensuite, la « Prusse n'avait point encore cette ama-
« bilité intérieure (traduction littérale des mots *innere Liebenswür-
« digkeit* qui aurait pu exercer une attraction sur des populations
« hétérogènes.

« On reconnut alors que la création d'une université allemande
« sur la rive gauche du Rhin serait un des moyens les plus sûrs pour
« se concilier les esprits, populariser l'idée allemande et amener gra-

« duellement la fusion des éléments discordants ; quel a été le succès
« de cette entreprise ? L'université de Bonn a puissamment contribué
« à triompher des antipathies des Rhénans et à opérer l'assimilation
« des deux races ; elle a fini par faire la conquête intellectuelle et
« patriotique des provinces qui avaient été conquises par l'épée,
« et les manifestations patriotiques, à l'occasion du Jubilé célébré
« à Bonn il y a quelques années, ont justifié les calculs du cabinet
« de Berlin.

« L'analogie entre 1815 et 1871 saute aux yeux : ce qu'était pour
« nous en 1815 le Bas-Rhin, le Haut-Rhin l'est en 1871 ; en suivant les
« mêmes errements, on arrivera donc aux mêmes résultats. Il est
« vrai que les habitants de la rive gauche du Haut-Rhin ayant appar-
« tenu bien plus longtemps à la France, ont pris un cachet plus émi-
« nemment français que les populations du Bas-Rhin. Deux faits pour-
« tant viennent essentiellement faciliter aujourd'hui l'assimilation.
« D'un côté, on reconnaît généralement de nos jours que c'est la na-
« tionalité qui représente le véritable élément constitutif de la con-
« nexité politique, et le sentiment national ne tardera pas à se faire
« jour parmi les Alsaciens. D'un autre côté, en rentrant dans le sein
« de la famille allemande, l'Alsace-Lorraine se dira que ce n'est pas
« dans l'état prussien, si antipathique à son caractère, qu'elle sera
« englobée, mais qu'elle fera partie du grand empire allemand qui
« lui promet un avenir non moins brillant que le passé dont elle
« s'honorait sous le drapeau de la France. Mais, nous le répétons,
« pour que l'université de Strasbourg atteigne le but qu'on se pro-
« pose, il faut que le nouvel arsenal des hautes sciences soit organisé
« sur les bases les plus larges et les plus libérales, et qu'il soit mis au
« grand complet. Ce que Bonn a été pour le Bas-Rhin, il faut que
« Strasbourg le devienne pour le Haut-Rhin, un avant-poste de l'es-
« prit germanique. »

Avant-poste, voilà bien le mot terrible ! Avant-poste à Bonn en
1817, avant-poste à Strasbourg en 1871 !... S'il m'est permis d'invo-
quer ici un souvenir personnel, je dirai qu'en 1868, étant attaché
au cabinet de M. Duruy, ministre de l'instruction publique, j'eus
l'honneur d'être chargé par lui de réunir et d'étudier les documents
d'une vaste enquête qu'il avait ordonnée sur l'enseignement supérieur à l'étranger. Les documents affluaient : chaque université allemande avait envoyé ses programmes, ses règlements, son histoire.
L'université de Bonn avait été particulièrement généreuse. Précisé-

ment parce qu'elle était sur nos frontières, elle nous intéressait plus que les autres, et le ministre à la patriotique sollicitude duquel rien n'a échappé voulut que je fisse la comparaison entre Bonn, l'avant-poste germanique, et Strasbourg, l'avant-poste français.

La comparaison fut triste pour Strasbourg ! Bonn avait une université véritable, c'est-à-dire une corporation privilégiée, subventionnée par l'état, mais ayant ses biens propres ; s'administrant elle-même, nommant ses chefs, arrêtant ses programmes ; libre, mais obéissant à la nécessité de satisfaire à tous les besoins intellectuels de l'étudiant, afin de soutenir la concurrence de ses rivales ; assurant son propre avenir en réunissant dans son sein le professeur ordinaire et le *privat-docent*, cet apprenti, ce compagnon de la corporation intellectuelle ; nullement gênée par l'état, mais surveillée par lui : car l'état, en Allemagne, nomme les professeurs sur la proposition de l'université ; il peut les révoquer ; il est représenté auprès de l'université par un *curator* chargé de faire respecter la loi. Il a donc des droits sérieux dont il a quelquefois abusé dans les temps de crise politique, mais qu'il est bon de lui laisser pour qu'il en use au besoin, dans l'intérêt de la science, contre les coteries et contre la routine.

Strasbourg avait cinq facultés, dont chacune avait son chef, le doyen nommé par le ministre ; des professeurs titulaires et des chargés de cours correspondant à peu près aux professeurs ordinaires et extraordinaires de Bonn ; dans deux facultés seulement, celles de droit et de médecine, des agrégés qui ne rappelaient qu'imparfaitement les *privat-docenten* allemands. Mais Strasbourg n'avait que les éléments d'une université : ses cinq facultés vivaient côte à côte, inconnues et indifférentes les unes aux autres. Seul, M. Fustel de Coulanges, qui est aujourd'hui l'une des gloires de l'enseignement supérieur parisien, et qui alors enseignait l'histoire à la faculté des lettres de Strasbourg, faisait une conférence dont le sujet intéressait et attirait des étudiants en droit.

Parmi les facultés de Strasbourg, celles de droit et de médecine soutenaient assez bien la lutte avec leurs rivales de Bonn ; mais la comparaison devenait humiliante quand elle mettait en regard de la faculté de philosophie[1] de Bonn les facultés des lettres et des sciences de Strasbourg !

---

1. La *faculté de philosophie* en Allemagne correspond à nos deux facultés des lettres et des sciences.

Strasbourg avait 11 professeurs à opposer aux 53 professeurs de Bonn.

Strasbourg avait 1 cours de philosophie; Bonn en avait 15!

Strasbourg avait 1 cours de littérature; Bonn en avait 11 !

Strasbourg avait 1 cours d'histoire; Bonn en avait 6 !

Strasbourg n'avait pas un seul cours sur les arts; Bonn en avait 5.

Strasbourg n'avait pas un seul cours de philologie; Bonn en avait 11 !

Strasbourg avait, au total, pour sa faculté des lettres, 5 cours, représentant 14 heures d'enseignement par semaine! Bonn avait 48 cours, représentant 132 heures d'enseignement!

Strasbourg donnait aux sciences mathématiques 6 heures d'enseignement par semaine, pour 2 cours; Bonn, 34 heures d'enseignement, pour 10 cours!

Strasbourg donnait à la physique et à la chimie 11 heures pour 2 cours; Bonn, 119 heures pour 10 cours!

Strasbourg donnait aux sciences naturelles 6 heures, pour 2 cours; Bonn, 70 heures pour 18 cours!

Au total, 6 cours et 23 heures d'enseignement scientifique à Strasbourg; 38 cours et 223 heures à Bonn !

Il n'est pas besoin de dire que, sur un tel nombre d'heures employées dans l'université allemande, il en est beaucoup où le maître fait travailler l'élève sous sa direction, et que son enseignement n'est pas, comme le nôtre, un perpétuel monologue.

Bonn avait des *séminaires* royaux de philologie, de physique, de mathématiques, d'histoire ! Strasbourg n'en avait aucun ! Et cependant c'est dans ces séminaires que se fait l'heureuse alliance du travail du maître et du travail de l'élève. La fécondité de la science allemande s'explique par cette association de l'intelligence et du labeur. Le professeur allemand qui a dirigé pendant vingt ans un séminaire d'histoire a fondé une école historique. Où sont nos écoles historiques? Où est le maître entouré d'auxiliaires, qui seront ses continuateurs? Le professeur de Strasbourg, réduit à ses seules forces, pouvait-il lutter contre le professeur de Bonn, entouré de sa légion?

Enfin, à Bonn, maîtres et élèves avaient à leur disposition tous les instruments de travail, dans ces annexes de l'université que les Allemands appellent *disciplinarum apparatus et instituta*, à savoir : une bibliothèque académique, un cabinet de lecture, plusieurs grands laboratoires de médecine, de pharmacie, de physique, de chimie; un musée minéralogique, zoologique; un jardin botanique, un musée d'antiquités rhénanes, etc. Strasbourg avait de misérables laboratoires pour lesquels le recteur sollicitait une allocation de 1,500 francs, destinée à l'achat de substances chimiques. Il manquait, entre autres livres, à la bibliothèque de la faculté, un Corneille, un Fénelon, un Bossuet ; or, pour l'acquisition de livres nouveaux, il était ouvert à la faculté un crédit annuel de 100 francs, sur lequel devaient être prélevés les frais de reliure !

Qu'ajouter à de pareils détails ? Rien qui n'en puisse affaiblir l'effet, si ce n'est cependant que cette comparaison faite avant nos malheurs entre l'université de Bonn et les facultés de Strasbourg, on la peut refaire aujourd'hui entre l'université de Strasbourg et les facultés de Nancy ! Nancy, qui est devenu notre avant-poste, n'est guère mieux fortifié contre Strasbourg, devenu l'avant-poste allemand, que n'était jadis Strasbourg contre Bonn. Et, bien qu'il ne faille pas, outre mesure, s'émouvoir de la forfanterie germanique, je dirai, en terminant, que sur un atlas populaire, très-répandu en Allemagne, et que j'ai sous les yeux, la partie de la Lorraine restée française est teintée autrement que la France, presque comme l'Alsace-Lorraine : Nancy y est appelé *Nanzig*.

Paris. — Imprimerie PILLET et DUMOULIN, rue des Grands-Augustins, 5.